体能让未来更有可能

家庭式
儿童体能训练营
4~5岁 动作技能

北京体育大学教授 魏宏文 主 编
奥运冠军 王丽萍 审定推荐

化学工业出版社
·北京·

内容简介

本书是"家庭式儿童体能训练营"系列图书的第三辑，专为 4 至 5 岁儿童设计的基本动作技能训练，包含 20 个基本动作技能。针对每项动作技能，书中给出了测试方法与评估标准，并按准备动作、基本动作和动作要求来逐步拆分讲解，便于家长指导孩子正确运动。

本书的作者魏宏文任教于北京体育大学，在儿童体能、竞技等体育领域有着丰富的科学化训练研究与实践经验，书中结合了专业理论和实践经验，为家长提供了一套科学、实用的儿童体能训练方法。通过科学的指导与系统的训练，家长可以与孩子一起学习正确的动作，为入学后的体育测试及各种体育活动奠定运动技能基础。

图书在版编目（CIP）数据

家庭式儿童体能训练营．4～5岁动作技能 ／ 魏宏文主编．-- 北京：化学工业出版社，2025．2．-- ISBN 978-7-122-46928-1

Ⅰ．G613.7

中国国家版本馆CIP数据核字第2024GN2682号

责任编辑：丰　华　　　　　　　装帧设计：锋尚设计
责任校对：王　静

出版发行：化学工业出版社
　　　　　（北京市东城区青年湖南街13号　邮政编码100011）
印　　装：北京瑞禾彩色印刷有限公司
710mm×1000mm　1/16　印张7　字数62千字
2025年6月北京第1版第1次印刷

购书咨询：010-64518888　　　　　售后服务：010-64518899
网　　址：http://www.cip.com.cn
凡购买本书，如有缺损质量问题，本社销售中心负责调换。

定　　价：49.80元　　　　　　　　版权所有　违者必究

编写人员名单

主　　编：魏宏文　北京体育大学教授

参　　编：成　勇　北京市海淀新区恩济幼儿园园长

邹蒙辉　北京体育大学教师

Abobakr Ravand　北京体育大学体育教育训练学博士

王婷婷　北京体育大学体育教育训练学硕士

安家言　北京丰台成寿寺小学体育教师

李方舟　北京市海淀新区恩济幼儿园一级教师

王　斌　少儿体能教练

技术指导

王丽萍　2000年悉尼奥运会女子20公里竞走冠军

视频课程获取说明

亲爱的家长们，感谢您选择"家庭式儿童体能训练营"系列图书。

本系列提供的二维码包含4辑共96节儿童体能训练视频课程，均由专业教练带领适龄儿童一对一示范演示，包含4个年龄段，不同年龄适用不同内容！

扫码可以免费体验其中两节视频课程，如果您希望系统、完整地学习全部视频课程，可另行付费购买剩余课程。

我们希望通过体验课程让您更好地了解课程内容和效果，更期待您通过全套的科学体能训练，与孩子一同养成健康的家庭运动习惯，成为彼此优质的陪练伙伴！

感谢您的选择与支持。

祝孩子健康聪明，快乐成长！

科学指南助力健康成长

当前，国家高度重视青少年儿童的身体素质发展，出台了一系列相关政策，将青少年儿童的健康提升到国家战略高度。"家庭式儿童体能训练营"系列图书的出版，正契合这一发展方向，为家庭体能锻炼提供了科学、系统且极具操作性的方案。

本套图书依据不同年龄段儿童的身心发展特点，设计了科学合理的训练内容。从1至3岁的运动启蒙，到6岁前各阶段的动作训练，内容循序渐进，涵盖全面。书中提供了丰富的训练方法，配以详细的图解和视频演示，方便家长理解和操作，并着重强调运动安全，指导家长规避损伤风险，确保孩子在安全的环境中锻炼。

家庭是孩子成长的核心环境，对其身体素质发展至关重要。通过这套图书，家长可充分利用家庭空间与时间，与孩子一起进行趣味盎然的运动游戏，在增进亲子关系的同时，提升孩子的身体素质，培养运动兴趣和习惯，为其终身健康奠定坚实基础。

本套图书的出版，既为家庭提供了科学实用的儿童体能训练指南，也为推动国家青少年儿童体能发展战略目标的实现贡献了一份力量。我们相信，在家长的积极参与下，在"家庭式儿童体能训练营"系列图书的科学指导下，越来越多的孩子将拥有强健的体魄、阳光的心态和美好的未来！

董进霞

北京幼儿体育协会会长

强身健体，从娃娃抓起

作为一名奥运冠军和多年参与青少年体能训练的运动员，我深知儿童早期体能发展的重要性，能够参与"家庭式儿童体能训练营"系列图书及配套视频课程的技术指导工作，并为这套书作推荐，感到无比荣幸。

这套书的作者魏宏文老师，是我非常敬佩的体能训练专家。他拥有北京体育大学的博士学位，并有丰富的实践经验，曾服务于北京女足、国家男女足及各青少年队伍。他一直致力于科学化训练的研究与实践，对儿童和青少年的体适能发展有深刻理解，并将其科学理念融入了本书的每一个细节。

近年来，我国高度重视青少年体育发展，并且出台了一系列政策。这些政策特别强调儿童早期体能发展的重要性，鼓励学校和家庭共同参与，为孩子创造多样的运动机会。

这套图书紧密契合国家的政策导向，将科学的体能训练方法与家庭场景结合，帮助家长在日常生活中培养孩子的运动习惯。魏宏文老师的专业指导保证了内容的科学性与可操作性，不仅帮助孩子增强体能，更在心理、社交等方面促进全面成长。

运动不仅强健体魄，还能培养孩子的自信与专注力。希望"家庭式儿童体能训练营"系列图书及配套的视频课程能走进更多家庭，助力孩子健康成长。

王丽萍

2000年悉尼奥运会女子20公里竞走冠军

科学专业抓好儿童体能训练

我1996年毕业于北京体育大学，并于2009年获得博士学位后留校任教。自那时起，我便一直致力于竞技体育运动员的科学化训练工作，同时也逐渐把目光转向儿童和青少年的体能发展。20多年来，我在北京女足、国家男女足等多个队伍中担任科研教练和体能康复教练，积累了丰富的实践经验。在多年的工作中，有一件事让我时常感到惋惜：不良的动作习惯如果在儿童时期没有纠正，会对其身体发育和未来的运动能力产生深远影响。这也让我深刻意识到儿童体能训练的重要性。

学龄期体育测试与体能训练的重要性

我国的学龄期体育测试项目通常包括以下5项。

- 50米跑：考察速度与反应能力
- 立定跳远：测试下肢力量与爆发力
- 仰卧起坐或引体向上：评估核心肌群或上肢力量
- 坐位体前屈：反映柔韧性
- 耐力跑（800米或1000米）：检测心肺功能

如果孩子没有在幼儿阶段打下良好的体能基础，比如跳跃或跑步姿势不对，很容易在这些测试中表现不佳。此外，不标准的动作会让他们在训练和测试时更加疲劳，甚至引发运动损伤。

标准动作和科学训练的重要性

科学的体能训练不仅是为了让孩子通过测试，更是为了帮助他们建立健康的身体姿态、提高运动能力。每个动作的标准与否，都直接关系到孩子的体能发展和安全性。

在"家庭式儿童体能训练营"系列图书中，我根据1至6岁孩子的发育特点，设计了循序渐进的训练内容。1至3岁以亲子游戏为主，建立运动兴趣和基础；3至4岁专注于基本动作模式，如蹲、走、跑等；4至5岁强化动作技能，如跳跃、投掷等；5至6岁则融入运动技巧，为孩子日后的体育活动做好准备。每个训练动作都配有初阶、中阶和高阶的难度设置，让家长根据孩子的能力逐步调整。此外，我们还录制了和图书匹配的视频课程，家长和孩子可以随时跟练，保证动作的标准和规范。

不良动作对生长发育的影响

儿童正处于骨骼、肌肉、神经系统发育的关键阶段，如果他们在学步或日常活动中养成不正确的动作模式，可能会导致长期的问题。

- 走路时内八字或外八字：这种步态容易导致膝关节负荷不均，引发膝内翻或膝外翻，进而影响腿部骨骼的正常发育。
- 跳跃动作不标准：如果孩子跳起落地时脚跟先着地，膝盖过度内收（膝盖对齐脚趾的原则被破坏），会增加足踝和膝关节的损伤风险。长期如此，还可能导致下肢力量发展不足，影响跑步速度和爆发力。

这些不良的动作不仅对孩子的身体健康造成隐患，还会直接影响他们在学龄期参加体育测试的表现。

本套书按年龄段共分4辑。第3辑动作技能中的体能游戏适合4~5岁的儿童，通过详细的图片和文字说明，介绍了基本动作技能的测试和评估方法，展示了各种动作要领和技巧，视频中设计了丰富有趣的游戏，帮助家长更好地指导孩子的身体活动，帮助幼儿更直观地感受运动的乐趣。

呼吁家长从小重视体能训练

我想对每位家长说：体能训练从小抓起，绝不仅仅是为了让孩子健康成长，更是为了培养他们对运动的兴趣和正确的动作习惯。很多家长可能认为跑步和跳跃是孩子的天性，不需要特别训练，但事实证明，如果不掌握科学的方法，错误的动作会慢慢积累，成为未来运动表现的障碍。

希望这套图书能为更多家庭带来科学的体能训练理念，让孩子们在运动中找到快乐和自信，为未来的成长之路打下坚实基础。

魏宏文

北京体育大学教授

目录

通过练习学会一系列协调组合动作，抓住最佳训练机会，习得一些最基本的动作技能。

儿童早期体能训练，好处多多

体能游戏因为内容丰富好玩、生动活泼吸引着孩子，让他们享受运动的快乐，运动目标的达成也给孩子们带来成就感。科学研究早已证明，体育锻炼不仅让孩子们的身体更健康、长得更高更强壮，而且能促进大脑发育、让孩子更聪明，同时在体能活动中不断克服困难取得胜利的过程，也培养了孩子乐观积极、自信勇敢的优秀品质。

目前，很多家庭过于重视孩子的学习和成绩，忽略了孩子的体育发展，而家庭环境对孩子的影响往往很深远。为此，我们组织相关领域的教练和专家共同编写了这套儿童体能运动游戏书，针对1~6岁的孩子设置了不同的体能运动锻炼内容，也希望家长们从小重视孩子的体能发展，为孩子健康一生打下坚实的基础。

动作技能承载着运动素质和技术，并最终形成运动表现力

基本动作技能涉及身体不同部位的协调配合，如脚、腿、臀、腰、手臂、手和头等。常用的基本动作有：爬动、翻滚、行走、跑步、蹦跳、跨越等，即身体移动技能；抓握、拿捏、拍击、传接、投掷、蹬踢等，即物体操作技能；转动、扭动、伸展、弯曲、直立等，即身体稳定和平衡技能。这些动作技能应在科学的指导下习得，错误的动作不仅会显著增加运动风险，而且一旦形成定式，后续纠正往往十分困难。

三种基本动作技能学习和发展

身体移动技能：
爬动、翻滚、
行走、跑步、
蹦跳、跨越等

物体操作技能：
抓握、拿捏、
拍击、传接、
投掷、蹬踢等

身体稳定和平衡技能：
转动、扭动、伸展、弯曲、
直立等

孩子为什么要学习基本动作技能

❶ 基本动作技能为所有身体活动和体育运动能力的提升提供基础，被视作运动技能发展的基石。

❷ 孩子们并不能自然习得所有基本动作技能，他们需要教师或教练的传授和指导，才能掌握这些技能。

❸ 掌握基本动作技能的孩子更有可能在幼儿园和社区里参与不同的体育活动和游戏。

　　不同年龄段的孩子有不同的发展阶段和运动窗口期，本套书以儿童必须掌握的基本动作模式，必须学习的基本动作技能和符合《国民体质测定标准手册》中对幼儿部分的要求为内容，以运动游戏为载体，在玩耍中练习，在游戏中健身强体助增长。

儿童运动技能发展金字塔

儿童体能运动的场景和器材

身边的一切都能成为运动的助力。儿童玩具可以激发他们的创造力和积极性，生活用品也能巧妙地转化为运动的道具，小小的运动器材更是孩子们尽情释放能量的伙伴，无论是在学校、幼儿园的运动场，公园的草地，还是家中的客厅，都能成为你和孩子欢乐运动的场所。

生活道具

靠垫	图书	毛巾	毛绒玩具
椅子	沙包	网球	气球

专业器材

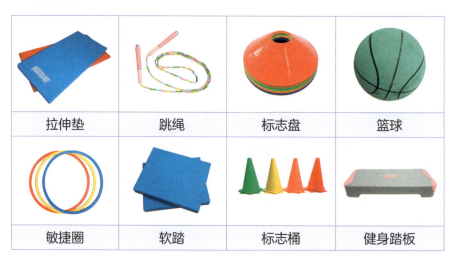

拉伸垫	跳绳	标志盘	篮球
敏捷圈	软踏	标志桶	健身踏板

以上为儿童运动游戏常用器材，家长可自行购买品牌器材，用于4册全部课程，体能运动并不复杂，在家里或社区就能开展各种家庭健身练习。

儿童体能运动的科学指导

儿童体能训练，看似简单，玩玩动动，实际上要想真正有效果离不开科学的理论指导和体系支撑。"家庭式儿童体能训练营"这套图书与配套视频课程紧密结合，构建了一个专业、系统且易于实践的儿童家庭体能训练体系。每一个训练动作都经过精心设计，由北京体育大学专业教授和体能专业教练基于多年的研究和实战经验，针对不同年龄阶段的儿童体能特点进行编排，确保内容科学、安全且循序渐进。

图书可以帮助家长理解动作的功能性和训练效果，同时提供多种难度选项，让家长可以根据孩子的发展情况逐步调整。纸质特性便于家长理解动作，反复学习，随时翻阅。配套的视频课程则由教练与孩子共同示范，专业团队摄影实拍，增加趣味性和实操性，每个动作都清晰直观，家长和孩子可以轻松跟随视频进行练习，确保动作标准、到位。图书和视频课程家长可以根据自己的需要使用，既可以只阅读图书，也可以图书和视频课配合使用。

这套课程不是单纯的动作模仿，更融入了系统的训练逻辑，将动作技能与体能发展科学地串联起来。通过互联网技术的支持，家长和孩子在家中即可便捷地获取专业的体能训练指导，让科学的体能教育走进每一个家庭。这一体系化的课程，不仅满足了当下家庭对高质量儿童教育的需求，也与国家提倡的青少年体能发展政策高度契合，为更多家庭带来科学且有趣的运动体验。

家长的良好引导很重要

科学的指导 ▶ 专家 + 体系 + 互联网技术

运动鼓励的方法

语言	肢体
真的	微笑
有想象力	拥抱
做得好	高兴地扬起眉毛
是的	鼓掌
我为你的努力而感到骄傲	竖起大拇指
对你很好	握手
做得对	拍拍背
极好的	把手放在肩上
谢谢合作	抬起双臂
更好的	微笑和点头
看起来很好	用拳头无声地喝彩
美丽的	跳起来
就这样	点点头
精彩	蹲着张开双臂

01
走直线

动作技能介绍

走直线是两只脚成一条直线，脚趾指向前，有节奏地向前行走的动作。

先测试一下走直线的动作是否正确。

动作测试要求

在长3米，宽10厘米的区域内进行。

测试前不做剧烈活动，以便客观评价这一项技能的发展水平。

可以进行3次测试，以最好的成绩为最终评价依据。在测试中不得指导或纠正动作。

动作测试评估

在测试中请观察是否有以下情况：

❶ 行走时脚尖朝外或朝内 ☐

❷ 行走时两只脚没在一条直线上 ☐

❸ 行走时有困难，紧张，害怕 ☐

❹ 行走时晃动不稳并中途停下来 ☐

动作评估结果

结果	评价
3项以上	动作质量差
2项	一般
1项	良好
0项	高质量动作

基本动作技能学习

学习目的

走直线是观察孩子的步态是否存在异常的最简单的方法，有的孩子平时爱摔倒，运动时总受伤，都与这项技能的成熟度有关。

走直线有助于提升身体的平衡和协调能力，在走直线时腿部肌肉需要不断发力和调整，有助于肌肉的形成和发展，也能帮助孩子更好地把握空间中的方向和位置关系。

提示和准备

❶ 准备2根3米长的绳子，围成一个宽15厘米的竖直通道。

❷ 选择平坦、安全的场地，锻炼前充分热身，避免摔倒或扭伤。

❸ 在锻炼过程中合理补充水分并适当休息。

动作学习要领

准备动作

1. 双脚自然站立于直线的起点处。
2. 双手自然打开置于身体两侧。
3. 抬头挺胸，目视前方。

基本动作

1. 一只脚向前迈一小步踩在直线上。
2. 身体保持平衡，另一只脚再向前迈一小步，双脚交替向前沿直线行走。

动作要求

1. 双脚始终保持在一条直线上。
2. 自然而有节奏地行走3米以上。
3. 身体放松，动作协调不僵硬。

走直线

　　走直线游戏需要孩子沿着直线前进，避免碰到障碍物，可以锻炼和发展孩子直线行走的特定技能。游戏设有不同的关卡和难度，全方位考验孩子的步态和行走技巧。

课程目的

　　为孩子基本动作技能的学习打造10～15分钟的体能游戏。

　　这些游戏通过视频动作指导，可以帮助孩子发展良好的步态，体验运动的乐趣。

运动游戏

动作游戏二　01:03

02

立定跳

动作技能介绍

立定跳是通过下蹲降低身体重心，双手向前摆动带动身体，双脚同时向前起跳并平稳落地的动作。

动作测试要求

测试之前讲解动作技能，可以进行3次测试，在测试中不得指导或纠正动作。最终以动作质量而非跳远距离为评价依据。

动作测试评估

在测试中请观察是否有以下情况：

❶ 在跳跃的准备阶段不会弯曲髋关节、膝盖和踝关节 □

❷ 不能进行双脚起跳 □

❸ 在准备的阶段不会向前、向后摆臂，然后跳跃阶段向上、向前摆臂 □

❹ 落地时失去平衡 □

动作评估结果

结果	评价
3项以上	动作质量差
2项	一般
1项	良好
0项	高质量动作

基本动作技能学习

学习目的

　　立定跳是一项通过身体关节屈伸来增强力量的运动。屈伸运动发生在关节处，使身体部位间的距离发生变化。例如，当髋关节屈曲时，下肢向躯干折叠，关节角度减小。与之相反，伸展时，关节打开、角度增大。大部分运动要求关节能够达到180°的伸展，而立定跳则需要肢体进行更大的屈伸动作，以获得更强的爆发力。

提示和准备

❶ 准备2个沙包或2个毛绒玩具。

❷ 选择平坦、安全的场地，锻炼前充分热身，避免摔倒或扭伤。

❸ 在锻炼过程中合理补充水分并适当休息。

立定跳

💬 动作学习要领

准备动作

① 两脚左右分开，与肩同宽。

② 两臂前后摆动几次，前摆时两腿伸直，后摆时屈膝降低重心，上体稍前倾，最后一次尽全力向后摆动。

基本动作

① 两脚向前用力蹬同时起跳。

② 两臂同时从后向前上方摆动，向前上方跳并伸展身体。

③ 大腿尽量往上抬，小腿往前伸。

动作要求

① 双臂向后摆动，并屈膝落地做缓冲。

② 双脚起跳同时双脚落地，保持动作的连贯性和协调性。

③ 整个过程需要关注动作是否正确，以及是否能完成运动。

立定跳

立定跳游戏通过设定游戏任务，帮助孩子在热身后学习正确的立定跳动作技能，利用沙包设计有趣的场景，优化跳跃动作分化能力，运动后安排有针对性的放松与拉伸。

课程目的

为孩子基本动作技能的学习，打造10~15分钟的体能游戏。

这些游戏可以帮助孩子发展立定跳的基本动作技能。在游戏中，借助沙包的各种用法，让孩子跟着视频获得动作指导，体验运动的乐趣。

运动游戏

动作游戏二 00:25

03
单脚跳

　　身体重心在一只脚上，另一只脚抬离地面，同时身体保持直立，有节奏地单脚连续向前跳跃的动作。

📋 **动作测试要求**

　　测试前不做剧烈活动，以便客观评价这一项技能的发展水平。

　　测试之前讲解动作要领，可以进行3次测试，在测试中不得指导或纠正动作。

　　最终以4岁跳4米，5岁跳6米，6岁跳8米的结果为评价依据。

📝 **动作测试评估**

在测试中请观察是否有以下情况：

❶ 单脚跳两三步时就会失去平衡　　　□

❷ 单脚跳时断断续续，没有节奏　　　□

❸ 跳时紧握拳头、夹脚，显得十分紧张 □

❹ 抬起的那只脚碰到地面　　　　　　□

动作评估结果

结果	评价
3项以上	动作质量差
2项	一般
1项	良好
0项	高质量动作

基本动作技能学习

学习目的

在跳跃过程中保持身体平衡，有助于提高孩子的平衡感知和控制能力，同时刺激大脑的相应区域，促进大脑的发育和功能完善。

单脚跳是许多运动的基础动作，如跳绳、踢球等。早期的单脚跳练习可以为幼儿日常体育活动以及更复杂的运动技能打下良好的基础。

提示和准备

❶ 选择平坦、安全的场地，锻炼前充分热身，避免摔倒或扭伤。

❷ 家长及时给予鼓励和表扬，增强孩子们的自信心和积极性。

❸ 在锻炼过程中合理补充水分并适当休息。

动作学习要领

准备动作

❶ 两脚自然站立，不要并拢。

❷ 双臂自然下垂放在身体两侧。

❸ 抬头挺胸，眼睛看前方。

基本动作

❶ 选择一只脚作为支撑脚，同侧腿微微弯曲。

❷ 另一只脚抬起，膝盖弯曲，脚尖朝下。

❸ 借助腿部和脚部的力量向前慢慢跳跃，可以伸开双臂来维持平衡。

动作要求

❶ 有节奏地连续跳跃3下以上。

❷ 另一只脚不接触任何物体。

❸ 动作相对轻松。

单脚跳

单脚跳游戏通过设定游戏任务，帮助孩子在热身后学习正确的单脚跳动作技能，利用敏捷圈和沙包设计游戏场景，优化单脚跳动作分化能力，运动后安排有针对性的放松与拉伸。

课程目的

为孩子动作技能的学习，打造10～15分钟的体能游戏。

这些游戏可以帮助孩子发展单脚跳的基本动作技能。在游戏中，借助专业体能器材，让孩子跟着视频获得动作指导，体验运动的乐趣。

运动游戏

动作游戏一　01:00

04
加速跑

加速跑是身体重心在前脚掌上，双臂前后摆动，两腿交替快速向前跑的动作。

📋 **动作测试要求**

在地上摆放10个标志盘，每个间隔50厘米，跑动时让脚落在两个标志盘之间。

测试前不做剧烈活动，以便客观评价这一项技能的发展水平。

测试之前讲解动作技能，可以进行3次测试，在测试中不得指导或纠正动作。

📝 **动作测试评估**

在测试中请观察是否有以下情况：

❶ 在起跑、停止或者转弯时有困难　　□

❷ 用全脚掌跑，把身体重心放在整个脚上 □

❸ 跑时脚尖朝外或者朝内　　　　　　□

❹ 左右摆臂　　　　　　　　　　　　□

动作评估结果

结果	评价
3项以上	动作质量差
2项	一般
1项	良好
0项	高质量动作

基本动作技能学习

学习目的

加速跑可以提高氧气供应，促进血液循环和新陈代谢，促进孩子骨骼的生长和发育。同时，加速跑培养孩子的身体协调性和平衡感，使孩子在运动中能够更好地控制身体。加速跑还可以从小培养孩子对运动的热爱，有益于终身健康。

提示和准备

❶ 选择平坦、安全的场地，锻炼前充分热身。

❷ 穿合适的运动鞋和宽松舒适的衣服。

❸ 指导正确的跑步姿势，适当补水和休息。

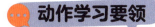

动作学习要领

准备动作

① 双脚分开与肩同宽，膝盖微微弯曲，身体保持挺直，眼睛看向前方。

② 手臂放在身体两侧，或者弯曲手肘。

③ 将身体的重心放在前脚掌上，这样可以更好地推动身体向前。

基本动作

① 起跑时，上体稍前倾，手肘弯曲成约90°，手臂前后摆动。

② 跑动过程中，两腿快速交替，落地时前脚掌着地，步幅不宜过大。

③ 背部挺直，保持身体的稳定和平衡。

动作要求

① 沿直线向前，连续有节奏地跑动几米。

② 停下时两脚间转换成快而轻的小步伐。

加速跑

加速跑游戏通过设定游戏任务，帮助孩子在热身后学习正确的跑步姿势，利用标志盘设计游戏场景，优化跑步姿势和技术，运动后安排有针对性的放松与拉伸。

课程目的

为孩子基本动作技能的学习，打造10~15分钟的体能游戏。

这些游戏可以帮助孩子发展加速跑的基本动作技能。在游戏中，借助专业体能器材，让孩子跟着视频获得动作指导，体验运动的乐趣。

运动游戏

动作游戏三 01:36

05 慢跑

动作技能介绍

慢跑是一种速度相对较慢，步伐较轻，步幅和步频适中，双脚交替着地，有节奏地向前跑的动作。

动作测试要求

地面每隔50厘米摆放1个敏捷圈，用6个摆成一条直线，跑步时脚落在圈中间。

测试前不做剧烈活动，以便客观评价这一项技能的发展水平。

测试之前讲解动作技能，可以进行3次测试，在测试中不得指导或纠正动作。

动作测试评估

在测试中请观察是否有以下情况：

① 在慢跑时脚步声音很大　　　　□

② 前脚掌先着地　　　　　　　　□

③ 跑时脚尖朝外或朝内　　　　　□

④ 左右摆臂　　　　　　　　　　□

动作评估结果

结果	评价
3项以上	动作质量差
2项	一般
1项	良好
0项	高质量动作

基本动作技能学习

学习目的

慢跑是最简单的热身方法，能为身体提供更充足的氧气。慢跑需要身体各部位的协调配合，更容易提升跑步姿势。慢跑可以促进新陈代谢，使身体更有效地抵抗疾病，减少生病的机会。慢跑还可以刺激内啡肽和多巴胺的分泌，带来愉悦感和自信心。

提示和准备

① 锻炼前需充分热身。

② 家长及时指导正确的跑步姿势和跑步节奏。

③ 适当休息和补水，在轻松愉快的氛围中锻炼。

动作学习要领

准备动作

① 保持身体挺直，双眼直视前方。

② 手肘弯曲成约90°，肘部靠近身体两侧，保持躯干稳定，姿势放松。

基本动作

① 慢跑时手臂前后摆动。

② 保持躯干稳定，避免晃动或摇摆。

③ 慢跑时以脚跟先着地，再迅速过渡到前脚掌，控制慢跑的节奏和速度。

动作要求

① 起跑姿势正确，没出现同手同脚的站姿。

② 中途跑动时，两脚步伐均匀，动作轻盈。

③ 始终保持有节奏的呼吸，能平稳地停下来走动。

慢跑

慢跑是一项非常重要的基本动作技能，热身后学习正确的慢跑姿势，在敏捷圈的设计变化中体验不同步频的游戏，优化慢跑姿势和技术，最后安排有针对性的放松与拉伸。

课程目的

为孩子基本动作技能的学习，打造10～15分钟的体能游戏。

这些游戏可以帮助孩子掌握慢跑的基本动作技能。在游戏中，借助专业体能器材，让孩子跟着视频获得动作指导，体验运动的乐趣。

运动游戏

动作游戏一　00:19

06

协调跑

协调跑也叫上学跑，是孩子背书包时常用的跑动方法。在跑动过程中，每次抬腿时，支撑腿小跳一步，同时另一侧手臂向前完成一次摆臂。

动作测试要求

在宽1.5米、长5米，平坦、安全的场地里进行。

测试前讲解动作技能，可以进行3次测试，在测试中不得指导或纠正动作。

动作测试评估

在测试中请观察是否有以下情况：

① 在协调跑时同手同脚 □

② 无法连续跑 □

③ 只会向前不会向后 □

④ 无法摆臂 □

动作评估结果

结果	评价
3项以上	动作质量差
2项	一般
1项	良好
0项	高质量动作

基本动作技能学习

学习目的

这个方法是国际上发展儿童动作技能的通用方法，有助于增强大脑对上下肢动作协调性的控制，促进神经系统的发育和优化。协调跑还能让肌肉群之间的配合更加默契，减少能量的浪费，使动作更轻松。

提示和准备

① 锻炼前需充分热身。

② 可以手叉腰降低难度。

③ 适当休息和补水，在轻松愉快的氛围中锻炼。

动作学习要领

准备动作

① 保持身体挺直，双眼直视前方。

② 手肘弯曲约90°，肘部靠近身体两侧，保持躯干稳定。

③ 两腿前后分开，呈起跑姿势。

基本动作

① 以右脚在前为例，起跑时，左脚向前抬起的同时右脚小跳一步。

② 完成一次右手向前，左手向后的摆动，依次向前有节奏地跑。

③ 保持躯干稳定，避免左右晃动或前后摇摆。

动作要求

① 起跑时姿势正确，动作连贯，没有出现同手同脚或停顿。

② 跑动中途时，两脚步伐均匀，动作轻盈、不僵硬。

③ 始终保持有节奏地呼吸，能平稳地停下来走动。

协调跑

第一部分测试一下孩子协调跑的动作是否正确。第二部分是教孩子协调跑的正确方法，同时和孩子一起玩协调跑的游戏。

课程目的

为孩子基本动作技能的学习，打造10~15分钟的体能游戏。

在游戏中，孩子携带不同的玩具体验协调跑的优势。掌握这一动作技能使体育活动更轻松，运动更有乐趣。

运动游戏

动作游戏三　00:50

07

滑步跑

动作技能介绍

滑步跑是一种侧向运动，也叫并步跑。滑步跑时身体重心偏向滑动方向一侧，如向右滑动，右脚作为引导脚向右迈出，然后左脚迅速向右脚靠拢，连续重复同样的动作。

动作测试要求

在宽1.5米、长5米，平坦、干净的场地里进行。

测试前讲解动作技能，可以进行3次测试，在测试中不得指导或纠正动作。

动作测试评估

在测试中请观察是否有以下情况：

❶ 在侧向运动过程中有困难　　　□

❷ 重心没有偏向滑动方向一侧　　□

❸ 像鸭子走路一样脚尖朝外跑　　□

❹ 在移动时双脚有交叉　　　　　□

动作评估结果

结果	评价
3项以上	动作质量差
2项	一般
1项	良好
0项	高质量动作

基本动作技能学习

学习目的

滑步动作常用于很多运动项目的进攻和防守中，需要幼儿在移动时保持身体的平衡和协调，通过不断练习，提升身体的协调性和平衡能力。这个动作可以锻炼到幼儿的下肢，外展和内收有助于多维度增强下肢力量，提高身体的稳定性。

滑步也常用于舞蹈和律动操，有助于培养身体的节奏感和音乐感知能力。

提示和准备

❶ 选择平坦、安全的场地。

❷ 穿合适的运动鞋和宽松舒适的衣服。

❸ 适当休息和补水，在轻松愉快的氛围中锻炼。

动作学习要领

准备动作

① 双脚打开与肩同宽，屈膝下蹲，双臂屈肘在体侧打开。

② 眼睛看向身体的一侧。

③ 双脚朝前，重心放在前脚掌上。

基本动作

① 向一侧滑动时，先将该侧的脚向外侧迈出一小步，同时另一只脚迅速跟上，保持双脚平行。

② 步伐的大小和速度可以根据个人情况和需要进行调整。

③ 双脚侧向有节奏地平行移动。

动作要求

① 在跑动过程中，要保持身体的平衡，不要失去重心。

② 在跑动时两脚不接触，不交叉。

③ 完成一侧的滑动后，可以通过相同的步骤、相反的方向将身体移回起始位置。

滑步跑

第一部分测试一下孩子滑步跑的动作是否正确。第二部分是教孩子滑步跑的正确方法，同时和孩子一起玩滑步跑的游戏。

课程目的

为孩子基本动作技能的学习，打造10~15分钟的体能游戏。

滑步跑既是孩子日常生活中最基本的活动技能，也是发展身体灵活性与反应的重要方法。

运 动 游 戏

动作游戏二 01:17

08
前滚翻

📋 动作技能介绍

前滚翻是从下蹲开始，双手用力撑地，人体重心前移，两腿蹬直离地，依次经颈、背、腰、臀向前滚动的动作。

📋 动作测试要求

测试在软垫子上进行，家长在旁边随时保护孩子的安全。

测试之前讲解动作技能，可以进行3次测试，在测试中不得指导或纠正动作。

📋 动作测试评估

在测试中请观察是否有以下情况：

① 开始时腿是直的或跪地支撑 ☐

② 前额触垫或头顶着垫支撑 ☐

③ 两手前移大于脚长 ☐

④ 翻滚时直背或滚偏 ☐

动作评估结果

结果	评价
3项以上	动作质量差
2项	一般
1项	良好
0项	高质量动作

基本动作技能学习

学习目的

有助于锻炼幼儿背部、腹部和四肢的肌肉，增强身体的柔韧性和协调性，促进骨骼生长和身体发育。

在前滚翻中，幼儿需要准确感知身体在空间中的位置和运动方向，从而提高平衡感和空间感知能力。

提示和准备

❶ 锻炼前需充分热身。

❷ 在锻炼时，家长要随时提示动作要领，以帮助孩子形成良好的滚动姿势。

❸ 家长在旁指导和鼓励，及时给予帮助和纠正。

💬 动作学习要领

准备动作

① 双脚分开与肩同宽，屈膝下蹲。

② 双手放在两脚之前双臂微屈支撑身体。

③ 低头拱背，眼睛看向肚脐。

基本动作

① 双手用力撑地，头的后部接触地面，双腿向前蹬起，依次经颈、背、腰、臀向前滚动。

② 滚动时，要尽量让身体团紧，像一个圆球。

动作要求

① 当背部着地时，迅速收腹屈膝。

② 双手抱小腿，躯干迅速跟紧大腿向前滚动并成蹲立位后站起。

前滚翻

第一部分测试一下孩子前滚翻的动作是否正确。第二部分是教孩子前滚翻的正确方法，同时和孩子一起玩各种前滚翻的游戏。

课程目的

为孩子基本动作技能的学习，打造10~15分钟的体能游戏。

前滚翻是较为复杂的基本动作之一，也是一种在摔倒时自我保护的动作。

运 动 游 戏

动作游戏二　00:08

09 波比跳

　　波比跳是由深蹲、伏地挺身以及跳跃等动作组合而成的，身体跳离地面时双脚靠拢，同时双手在空中击掌，有节奏地连续跳的动作。

动作测试要求

　　在平坦、干净、空旷的地面上进行。

　　测试前不做剧烈活动，以便客观评价这一项技能的发展水平。

　　测试之前讲解动作技能，可以进行3次测试，在测试中不得指导或纠正动作。

动作测试评估

　　在测试中请观察是否有以下情况：

① 下蹲和落地时脚尖朝外或朝内　　　　□

② 伏地蹬腿时腰部塌陷明显　　　　　　□

③ 手掌撑地时手指朝外或朝内　　　　　□

④ 纵跳时没有在头上方击掌　　　　　　□

动作评估结果

结果	评价
3项以上	动作质量差
2项	一般
1项	良好
0项	高质量动作

基本动作技能学习

学习目的

波比跳是一种高效且全面的锻炼方式，对身体的多个方面都有着积极的影响。

波比跳的锻炼要求身体在短时间内完成不同的动作转换，这对于提高身体的协调性和敏捷性非常有益。

提示和准备

① 锻炼前需充分热身。

② 在平坦、安全的场地进行锻炼，穿运动服和运动鞋，及时补充水分。

③ 家长及时指导和鼓励，及时给予帮助和纠正。

动作学习要领

准备动作

① 双脚分开站立，与肩同宽。

② 身体挺直，保持一个稳定放松的姿势。

基本动作

① 屈膝下蹲，双手撑在地面上，略比肩宽。

② 双脚向后蹬，形成俯卧撑的起始姿势，身体呈一条直线。

③ 屈臂进行一次俯卧撑动作，胸部尽量贴近地面。（此步为进阶，可不做）

④ 双脚快速收回，靠近双手。同时借助腿部和臀部的力量，向上跳起，双手向上伸直击掌。

动作要求

① 从下蹲到起跳，双手向上伸展，身体保持挺直。

② 落地时，应用前脚掌落地缓冲，随后屈膝下蹲进行下一组。

③ 跳动过程中，呼吸应均匀，避免屏气或用力过猛。

波比跳

第一部分测试一下孩子波比跳的动作是否正确。第二部分是教孩子波比跳的正确方法，同时和孩子一起玩游戏。

课程目的

为孩子基本动作技能的学习，打造10~15分钟的体能游戏。

对于幼儿来说，适当地进行波比跳可以帮助他们锻炼到肌肉、韧带、骨骼，从而可以在一定程度上帮助其骨骼生长，有助于他们长高。

运动游戏

动作游戏二　00:44

10 摆动（侧滑摆臂）

动作技能介绍

　　摆动也叫侧滑摆臂，是一只脚侧向迈开一步，双手向身体两侧打开，随后另一只脚做并步，双手在体前交叉，连贯且协调的动作。

动作测试要求

　　在宽不少于3米，长不少于5米，平坦、安全的场地上进行。

　　测试之前讲解动作技能，可以进行3次测试，在测试中不得指导或纠正动作。

动作测试评估

在测试中请观察是否有以下情况：

❶ 手臂不能在体前交替交叉摆动　　☐

❷ 手臂试图摆动得比脚步快　　☐

❸ 脚移动时手不能摆臂　　☐

❹ 移动时有跳跃动作　　☐

动作评估结果

结果	评价
3项以上	动作质量差
2项	一般
1项	良好
0项	高质量动作

基本动作技能学习

学习目的

摆臂动作能锻炼肩关节的灵活性。滑步跑与摆臂的高度配合，有助于培养孩子的运动感知和控制能力。

在进行摆动动作的锻炼时，手脚协同运动，有助于提升孩子的专注力。

提示和准备

❶ 锻炼前需充分热身。

❷ 家长及时指导、纠正摆臂和侧步的节奏。

❸ 适当休息和补水，适当调整难度和强度。

动作学习要领

准备动作

① 保持身体挺直，双眼直视前方。

② 双脚并拢，双手自然放在身体两侧，保持身体的稳定。

③ 头向要移动的方向转动，眼睛随之看向侧方。

基本动作

① 向侧跨步时，降低身体的重心，同时双手向身体两侧水平摆动。

② 另一只脚并步时，双手向下水平摆动，并在体前交叉。

动作要求

① 手臂的摆动速度应与侧滑步的速度相匹配。

② 肩膀放松，对实现自然而有效的手臂摆动非常关键。

③ 保持身体的平衡和动态节奏。

摆动（侧滑摆臂）

第一部分测试一下孩子摆动的动作是否正确。第二部分是教孩子摆动的正确方法，同时和孩子一起玩游戏。

课程目的

正确的摆动有助于各种运动成绩的提高，对身体的协调发展非常关键。所以，我们要尽可能规范摆臂动作，这样才能使摆臂动作在各种运动中得到充分的应用。

运动游戏

动作游戏三　00:35

11 转身跳

动作技能介绍

　　转身跳是跳起时旋转髋部，改变身体的方向，起跳和落地方向相反的动作。

　　先测试一下转身跳的动作是否正确。

动作测试要求

　　测试前不做剧烈活动，以便客观评价这一项技能的发展水平。

　　测试之前讲解动作技能，可以进行3次测试，在测试中不得指导或纠正动作。

动作测试评估

在测试中请观察是否有以下情况：

❶ 起跳后旋转时有困难 □

❷ 落地时身体不稳 □

❸ 旋转后脚尖朝外或朝内 □

❹ 没有完成相反方向的转动 □

动作评估结果

结果	评价
3项以上	动作质量差
2项	一般
1项	良好
0项	高质量动作

基本动作技能学习

学习目的

转身跳要求幼儿在跳跃的同时完成身体的转向，能有效锻炼胸椎和髋部的灵活性，有助于提高身体各部位的协调配合能力。

在转身和跳跃的动作组合中，幼儿需要不断调整重心来保持平衡，有助于增强平衡感。

提示和准备

❶ 锻炼前需充分热身。

❷ 家长随时指导和纠正动作。

❸ 适当休息和补水，适当调整难易程度。

动作学习要领

准备动作

❶ 站立时，双脚分开与肩同宽，保持身体平衡。

❷ 微微弯曲膝盖，有助于更好旋转胸椎。

❸ 身体向前倾斜，重心放在前脚掌上。

❹ 双臂屈曲放于身前，保持手臂放松。

基本动作

❶ 以脊柱为轴，以肩膀带动躯干旋转，转动同时头部和眼睛看向身后的方向。

❷ 双腿用力蹬地跳起，在空中迅速以髋部带动身体向左或向右旋转。

动作要求

❶ 调整双脚的位置和身体的姿势，使重心保持稳定，避免摔倒。

❷ 要掌握好起跳、转身和落地的时机和节奏感，使动作流畅自然。

❸ 转身跳是一种较为复杂的动作，可以先从小角度动作开始，逐渐增加难度。

转身跳

第一部分测试一下孩子转身跳的动作是否正确。第二部分是教孩子转身跳的正确方法，同时和孩子一起玩各种转身跳的游戏。

课程目的

为孩子基本动作技能的学习，打造10~15分钟的趣味体能游戏。

旋转会让身体产生巨大的能量基础，孩子扔东西无力，便与旋转有关，众多运动中，旋转动作是提高运动表现的关键部分，但经常被忽略。

运动游戏

动作游戏三 00:25

12
爬行

爬行是双手双脚交替，向前俯身跨越移动的方式。爬行的方式多种多样，我们以青蛙跳为例进行学习。

📋 **动作测试要求**

选择平坦、安全的地方，或在垫子上进行。

测试前不做剧烈活动，以便客观评价这一项技能的发展水平。

测试之前讲解动作技能，可以进行3次测试，在测试中不得指导或纠正动作。

📖 **动作测试评估**

在测试中请观察是否有以下情况：

① 双手双脚同时起跳或落地　　　　□

② 跳跃过程中脚跟始终抬离地面　　□

③ 双脚落地或蹬地时脚尖朝外　　　□

④ 始终含胸　　　　　　　　　　　□

动作评估结果

结果	评价
3项以上	动作质量差
2项	一般
1项	良好
0项	高质量动作

基本动作技能学习

学习目的

爬行需要身体各部位协调配合，包括腿部的蹬伸、腰部的扭转和手臂的屈伸，有助于发展上下肢力量。

爬行需要活动髋关节、膝关节和踝关节，有助于增强这些关节的灵活性和稳定性。

爬行还可以帮助孩子更好地感知身体在空间中的位置和运动方向。

提示和准备

❶ 选择平坦、安全的场地，穿着合适的运动鞋和宽松舒适的衣服。

❷ 家长提示手脚的正确顺序。

❸ 适当休息和补水，在轻松愉快的氛围中锻炼。

动作学习要领

准备动作

① 双脚打开与肩同宽或略宽，脚尖略微朝外。

② 保持背部挺直，不要弯腰驼背。

③ 双臂伸直，垂放在身体两侧。

基本动作

① 屈膝下蹲，身体微微前倾，双手伸直放在身体前方，与地面垂直。

② 向前俯身，双手向前直臂支撑地面。

③ 双脚蹬地，借助腿部和臀部的力量向前收腹跳，模仿青蛙的动作，保持身体平衡。

④ 双脚落在双手两侧，再次回到起始姿势，准备下一次跳跃。

动作要求

① 在爬行时背部挺直，眼睛看向前方。

② 在爬行过程中，要保持正常的呼吸，避免憋气。

爬行

第一部分测试一下孩子爬行的动作是否正确。第二部分是教孩子爬行的正确方法，同时和孩子一起玩游戏。

课程目的

为孩子基本动作技能的学习，打造10~15分钟的趣味体能游戏。

爬行可以增强手、足、胸、腹、腰、背、四肢等部位的肌肉力量，且锻炼协调性，有利于平衡感的发展。

运动游戏

动作游戏二　00:31

13 纵跳

动作技能介绍

纵跳是体育运动的基本动作之一。纵跳是人体依靠关节的屈伸，发挥下肢肌群最大爆发力，以达到最佳反向运动跳跃的动作。

动作测试要求

选择安全、空旷，有一定空间高度的场地。

测试之前讲解动作技能，可以进行3次测试，在测试中不得指导或纠正动作。

动作测试评估

在测试中请观察是否有以下情况：

1. 在跳跃的准备阶段不会弯曲髋关节、膝关节和踝关节（下蹲）　□
2. 不能同时进行双脚起跳　□
3. 在准备阶段不会先向后摆臂，然后跳跃阶段向前、向上摆臂　□
4. 落地时失去平衡　□

动作评估结果

结果	评价
3项以上	动作质量差
2项	一般
1项	良好
0项	高质量动作

基本动作技能学习

学习目的

纵跳能促进幼儿骨骼生长和肌肉发育，有助于提高身体的力量和灵活性。纵跳也是幼儿发展基本运动技能的重要方式，为日后参与更复杂的运动打下基础。纵跳这种具有挑战性的动作，可以激发幼儿对自身能力的探索欲望和好奇心。

提示和准备

① 锻炼前需充分热身，选择适当的防护措施。

② 家长应持续观察孩子动作的准确性与流畅性，及时进行纠正与指导。

③ 适当休息和补水，在轻松愉快的氛围中锻炼。

动作学习要领

准备动作

① 双脚分立与肩同宽，身体挺直，头部抬起，目视斜上方。

② 膝盖微微弯曲，手臂自然下垂。

③ 将身体的重心均匀分布在双脚上，保持稳定。

基本动作

① 下蹲后双脚用力蹬地，同时两臂迅速向上摆动，带动身体向上跳起。在空中时，尽量保持身体伸展，腿部伸直。

② 落地时，膝盖弯曲，前脚掌落地进行缓冲，保持身体平衡。双脚着地后迅速准备下一次纵跳。

动作要求

① 先练习在原地纵跳，逐渐过渡到纵跳头顶触物，再到纵跳手臂触物。

② 起跳时用力要均匀，落地时要用脚尖先着地，然后平稳过渡到前脚掌，用屈膝动作来吸收冲击力，这对预防膝关节损伤尤为重要。

纵跳

第一部分测试一下孩子纵跳的动作是否正确。第二部分是教孩子纵跳的正确方法，同时和孩子一起玩游戏。

课程目的

为孩子基本动作技能的学习，打造10～15分钟的趣味体能游戏。

纵跳是日常生活中经常使用的动作，也是体育活动的重要内容。纵跳练习有助于促进幼儿腿部肌肉的发展，促进骨骼发育。

运动游戏

动作游戏三　00:42

14

抓举

　　抓举是蹲下拾起物品，站起来并把物品举到头上方的动作。

📋 **动作测试要求**

　　选择无尖锐边角的物品，在家长陪同下进行，以确保安全。

　　测试前不做剧烈活动，以便客观评价这一项技能的发展水平。

　　测试之前讲解动作技能，可以进行3次测试，在测试中不得指导或纠正动作。

📝 **动作测试评估**

在测试中请观察是否有以下情况：

❶ 抓举时塌腰驼背　　　　　　　　□

❷ 抓举时重心朝前　　　　　　　　□

❸ 抓举时膝盖与脚尖方向不一致　　□

❹ 举到最高点时没在头顶　　　　　□

动作评估结果

结果	评价
3项以上	动作质量差
2项	一般
1项	良好
0项	高质量动作

基本动作技能学习

学习目的

在抓举过程中，孩子可以更好地感知物体的大小、形状、重量和空间位置，增强感知能力。

同时，抓举锻炼也为搬运物品等活动打下基础，提高孩子的自理能力和应对实际生活问题的能力。

在抓举过程中，孩子需要集中注意力，避免物品掉落或自身受伤，有助于提高专注力。

提示和准备

1. 锻炼前需充分热身，选择适当的防护措施。
2. 准备两个各1千克左右的物体和1根长杆，家长在旁指导和保护，确保动作正确和安全。
3. 适当休息，防止疲劳。

抓举

动作学习要领

准备动作
1. 双脚分开，与肩同宽，保持身体稳定站立。
2. 身体挺直，微微前倾。
3. 双手自然下垂。

基本动作
1. 双手向下伸出，手心朝下。
2. 屈膝下蹲，手指自然弯曲，轻轻地抓住地上的物品。
3. 借助腿部和腰部的力量缓缓站起，双手拉起物品，逐渐将物品向上推举。

动作要求
1. 缓慢弯曲双腿，降低身体重心。
2. 抓举过程中物品尽量靠近身体。
3. 双手轻轻将物品放下。

抓举

第一部分测试一下孩子抓举的动作是否正确。第二部分是教孩子抓举的正确方法，同时和孩子一起玩游戏。

课程目的

为孩子学习早期抓举设计的基本动作技能，打造10~15分钟的趣味体能游戏。

抓举的动作练习有助于培养孩子的身体协调能力、力量控制能力和安全意识，对日常活动和体育活动都有重要影响。

运动游戏

动作游戏二　01:14

15 投掷

动作技能介绍

　　投掷是将球或器械握在手中，手在肩关节后上方，身体转动带动手臂将球或器械朝规定方向投掷出去的动作。

动作测试要求

　　准备1个网球或沙包，选择空旷、安全的场地。

　　测试之前讲解动作技能，可以进行3次测试，在测试中不得指导或纠正动作。

动作测试评估

　　在测试中请观察是否有以下情况：

❶ 身体主要是前后运动，没有转动上半身　　　　　　　　　　　　　□

❷ 不会移动重心　　　　　　　　　　　□

❸ 投掷时迈的是和投掷手臂同侧的脚　　□

❹ 身体不会随投掷动作向前　　　　　　□

动作评估结果

结果	评价
3项以上	动作质量差
2项	一般
1项	良好
0项	高质量动作

基本动作技能学习

学习目的

投掷的动作有助于锻炼幼儿的上肢力量、手部肌肉控制能力和身体协调性，促进身体的全面发展。

在投掷过程中，幼儿需要注视目标，同时手部准确地将球抛出，能够提高手眼协调能力。同时，幼儿还能在投掷过程中感知自己与目标之间的距离和方向，增强对空间的认知和判断能力。

提示和准备

① 锻炼前需充分热身，使用柔软轻便的网球或沙包，防止过重或过硬带来危险。

② 家长及时指导正确的投掷姿势。

③ 适当休息和补水，在轻松愉快的氛围中锻炼。

💬 动作学习要领

准备动作

❶ 双脚前后分开，与肩同宽，膝盖微微
　弯曲，保持身体稳定。

❷ 用单手握住网球，将球放在投球手的
　肩后上方。重心先放在后脚上，保持
　平衡。

基本动作

❶ 后脚蹬地发力，同时身体向投掷方向
　转动，带动手臂发力。

❷ 投掷手臂从后向前挥动，以肩为轴，
　带动手腕将球抛出。

❸ 向前挥到至额头上方时松开手，使网
　球以抛物线向前飞行。

动作要求

❶ 球出手后，投掷手臂自然落下，保持身
　体平衡。

❷ 投掷网球时动作应自然流畅。

投掷

　　第一部分测试一下孩子投掷的动作是否正确。第二部分是教孩子投掷的正确方法，同时和孩子一起玩游戏。

课程目的

　　为孩子基本动作技能的学习，打造10~15分钟的趣味体能游戏。

　　投掷是孩子比较难掌握的一项动作技能，也是幼儿园体测的项目之一，往往是测试中得分最低的一项，只有多练习才能提高动作技能。

16 抛投

动作技能介绍

抛投是将球或器械握在手中，手臂自然下垂，然后前后摆动手臂，最终从后向前抛出的动作。

动作测试要求

准备1个网球或沙包，选择空旷、安全的场地。

测试之前讲解动作技能，可以进行3次测试，在测试中不得指导或纠正动作。

动作测试评估

在测试中观察是否有以下情况：

❶ 没有旋转身体 ☐

❷ 不会移动重心 ☐

❸ 投掷时迈的不是和投掷臂同侧的脚 ☐

❹ 身体不会随投掷动作向前 ☐

动作评估结果

结果	评价
3项以上	动作质量差
2项	一般
1项	良好
0项	高质量动作

基本动作技能学习

学习目的

锻炼幼儿上肢、肩部和背部的肌肉力量，为日后进行更复杂的运动和活动打下基础。

在抛投过程中，幼儿需要判断球的运动轨迹、距离和高度，从而提高对空间的感知和判断能力。同时，眼睛注视球的运动，手部做出相应的抛球动作，有助于增强孩子的手眼协调能力，对日常生活和学习都有积极影响。

提示和准备

❶ 锻炼前需充分热身，选择大小和重量合适的沙包或网球。

❷ 家长先示范，让幼儿能够学习和模仿。

❸ 适当休息和补水，在轻松愉快的氛围中锻炼。

动作学习要领

准备动作

❶ 双脚前后分立，与肩同宽，膝盖微微弯曲，身体重心放在后腿上。

❷ 持球手臂自然下垂，手指分开握球。

基本动作

❶ 持球手臂向后摆动，幅度逐渐加大，同时身体重心向前移动。

❷ 当手臂摆动到一定幅度时，手腕迅速发力，将球向斜上方抛出。

❸ 球抛出后，手臂要继续跟随球的运动方向摆动，以保持身体的平衡。

动作要求

❶ 抛球的力度要适中，过大或过小都会影响球的运动轨迹。

❷ 在抛球前，要先确定目标方向，然后将球向目标方向抛出。

抛投

第一部分测试一下孩子抛投的动作是否正确。第二部分是教孩子抛投的正确方法，同时和孩子一起玩游戏。

课程目的

为孩子基本动作技能的学习，打造10~15分钟的趣味体能游戏。

单手抛球游戏不仅是一种娱乐活动，更是提高孩子手的操控能力和手眼协调能力，以及促进孩子身心全面发展的有效途径。

运 动 游 戏

动作游戏三　00:30

17

抓接球

动作技能介绍

抓接球是用手控制网球的动作。手心朝下，松开手时网球从胸前自然掉落，反弹后靠近手掌时，迅速做出判断并移动身体，做出有效的抓握动作并接住网球。

动作测试要求

准备1个网球，在平坦安全的硬质地面上进行。

测试之前讲解动作技能，可以进行3次测试，在测试中不得指导或纠正动作。

动作测试评估

在测试中请观察是否有以下情况：

❶ 直直地伸出胳膊去接球 ☐

❷ 用手臂、手和整个身体把球抱住 ☐

❸ 不看球的下落和弹起 ☐

❹ 接球时不会移动重心 ☐

动作评估结果

结果	评价
3项以上	动作质量差
2项	一般
1项	良好
0项	高质量动作

基本动作技能学习

学习目的

双手抓接球的动作有助于增强幼儿手部肌肉的力量及其控制能力，判断球的反弹方向、速度和高度，能够培养幼儿对空间位置和物体运动轨迹的感知能力。

在接球过程中，幼儿需要集中注意力观察球的动态，这有助于提高他们的专注力。

提示和准备

❶ 锻炼前需充分热身，以清晰、缓慢的动作给孩子示范正确的抓接方法。

❷ 家长积极参与到游戏中，不仅能增进亲子关系，还能提高孩子锻炼的积极性。

❸ 适当休息和补水，在轻松愉快的氛围中锻炼。

动作学习要领

准备动作

❶ 双脚分开，与肩同宽。

❷ 手指微微弯曲，双手握住网球，眼睛看着网球。

基本动作

❶ 双手于胸前同时松开，让网球做自由落体运动。

❷ 当球接触地面并开始反弹时，集中注意力观察球的反弹高度和速度。

❸ 下蹲调整身体位置，肘部微微弯曲，掌心相对。

❹ 当球反弹到合适的高度时，用双手的手掌同时接球，手指自然弯曲，握住球。

动作要求

❶ 根据球的落点调整步伐，使自己处于最佳的接球位置。

❷ 下蹲时大腿不低于水平面，腰背始终保持挺直。

❸ 可以连续进行多次抓接练习。

抓接球

首先，测试一下孩子抓接球的动作是否正确。其次，教孩子正确的接球方法，同时和孩子一起玩游戏。

课程目的

为孩子基本动作技能的学习，打造10~15分钟的趣味体能游戏。

这些游戏可以通过抓接训练加强孩子的触觉和视觉联系，促进大脑的发育和手眼协调能力，对手部精细动作的发展大有益处。

运动游戏

动作游戏三 00:46

18 闪躲

动作技能介绍

闪躲是一种本能反应，是指通过移动身体，避开向自己飞来的物体的动作。

先测试一下闪躲的动作是否正确。

动作测试要求

准备几个标志盘或较轻的毛绒玩具。

测试前不做剧烈活动，以便客观评价这一项技能的发展水平。

测试之前讲解动作技能，可以进行3次测试，在测试中不得指导或纠正动作。

动作测试评估

在测试中请观察是否有以下情况：

❶ 身体保持不动 ☐

❷ 害怕、紧张、紧闭双眼 ☐

❸ 伸手用胳膊去阻挡 ☐

❹ 转身背对物体 ☐

动作评估结果

结果	评价
3项以上	动作质量差
2项	一般
1项	良好
0项	高质量动作

基本动作技能学习

学习目的

闪躲动作需要儿童迅速调动身体各个部位，包括手、脚、眼睛的配合，从而有效地提高身体的反应和协调性。

闪躲练习可以帮助儿童更好地理解和感知自身与周围环境、物体之间的空间关系，增强空间意识。同时也能让儿童在面对潜在危险时，本能地做出闪躲动作，提高自我保护的能力。

提示和准备

1 锻炼前需充分热身，选择安全的场地，避开尖锐物体或障碍物。

2 清晰地向孩子讲解训练或游戏的规则，让他们明白如何正确地进行闪躲。

3 适当休息和补水，在轻松愉快的氛围中锻炼。

💬 动作学习要领

准备动作

① 双脚分开与肩同宽，膝盖微微弯曲降低身体重心以保持稳定。

② 双手自然下垂，放在身体两侧，准备随时做出反应动作。

③ 抬头注视前方。

基本动作

① 集中注意力关注来物的方向、速度和轨迹，提前做出判断。

② 适当地降低身体重心，增加稳定性和灵活性。

③ 身体可以下蹲或跳起，也可以向侧面、后方移动。

动作要求

① 移动身体时要配合脚步的动作，保持身体平衡，避免摔倒。

② 在闪躲过程中观察周围的环境，避免受伤。

闪躲

第一部分测试一下孩子闪躲的动作是否正确。第二部分是教孩子闪躲的正确方法，同时和孩子一起玩游戏。

课程目的

为孩子基本动作技能的学习，打造10~15分钟的体能游戏。

这些游戏可以帮助孩子在危险来临时，迅速避开以保护自己，培养他们对周围环境的快速判断和迅速做出正确反应的能力。

运动游戏

动作游戏三　00:07

19 传球

动作技能介绍

　　传球是在篮球体育活动中，双手在胸前握住篮球，在身体重心由后至前时，双臂发力伸直，将篮球从胸前推出的动作。

动作测试要求

　　准备1个幼儿篮球或海绵球。

　　测试前不做剧烈活动，以便客观评价这一项技能的发展水平。

　　测试之前讲解动作技能，可以进行3次测试，在测试中不得指导或纠正动作。

动作测试评估

在测试中请观察是否有以下情况：

❶ 握球时手指张开，没接触到球　　　□

❷ 传球时两肘向外伸展　　　　　　　□

❸ 传球时是向上抛或向下扔　　　　　□

❹ 两手用力不一样　　　　　　　　　□

动作评估结果

结果	评价
3项以上	动作质量差
2项	一般
1项	良好
0项	高质量动作

基本动作技能学习

学习目的

传球要求幼儿用眼睛观察同伴的位置，同时准确地将球传出，从而增强手眼协调能力，这对幼儿的日常生活和学习（如书写、绘画等）都非常重要。

传球需要伙伴相互配合、沟通和协作，有助于培养合作精神和建立良好的人际关系。

当幼儿成功地完成传球动作时，会获得成就感和自信心，激励他们更加积极地参与体育活动。

提示和准备

① 选择平坦、安全的场地，锻炼前需充分热身。

② 家长及时指导正确的传球姿势。

③ 适当休息和补水，在轻松愉快的氛围中锻炼。

动作学习要领

准备动作

① 双脚分开与肩同宽，膝盖微微弯曲，保持身体挺直，抬头挺胸。

② 双手手指自然分开，掌心悬空，握住球的两侧，手臂弯曲，肘部稳定，将球控制在手中。

③ 眼睛注视着传球的目标方向，观察接球同伴的位置。

基本动作

① 用手指和手掌根部控制住球，手指自然分开，掌心悬空，确保球在手中的稳定性。

② 传球时手臂向前充分伸展，将球传出。

动作要求

① 眼睛始终注视着传球的目标方向，确保球准确地传向接球的同伴。

② 控制传球的力度，不要用力过猛或过轻。

传球

第一部分测试一下孩子传球的动作是否正确。第二部分是教孩子传球的正确方法，同时和孩子一起玩游戏。

课程目的

为孩子基本动作技能的学习，打造10～15分钟的体能游戏。

篮球游戏不仅是一种幼儿娱乐活动，也是一种需要团队合作的健身方式。孩子从小掌握科学的传球动作技能，将来日常健身就会多一种选择。

20 拍球

动作技能介绍

拍球是用一只手的指关节用力向下施压，使球从地面反弹，拍球高度在膝盖和肩膀之间，能单手连续拍球的动作。

动作测试要求

准备1个幼儿篮球或海绵球。

测试前不做剧烈活动，以便客观评价这一项技能的发展水平。

测试之前讲解动作技能，可以进行3次测试，在测试中不得指导或纠正动作。

动作测试评估

在测试中请观察是否有以下情况：

① 用手掌击打球 ☐

② 拍球反弹高度在膝盖以下 ☐

③ 拍球时双腿始终是伸直的 ☐

④ 双手拍球 ☐

动作评估结果

结果	评价
3项以上	动作质量差
2项	一般
1项	良好
0项	高质量动作

基本动作技能学习

学习目的

拍球是一种全身性的运动，通过不断地拍球能够增强幼儿的手眼协调能力。

幼儿在参与拍球运动时，会与其他小伙伴进行交流，有助于他们学会如何与他人相处，培养团队合作精神。

提示和准备

① 锻炼前需充分热身。

② 设定拍球的次数，时间不宜过长，增加趣味性和挑战性。

③ 适当休息和补水，在轻松愉快的氛围中锻炼。

动作学习要领

准备动作

① 两脚自然开立，两膝微屈，上体稍前倾，眼睛看着篮球。

② 双手抱住篮球，感受篮球的大小和重量，增强对篮球的感知和控制能力。

基本动作

① 拍球时，五指张开，用手指及手掌的外缘触球，掌心不触球。

② 手臂跟随球的运动上下摆动，但不要过度用力。

③ 通过调整手臂的力量和角度来控制球的反弹高度和方向。

动作要求

① 保持稳定的节奏，不要过于急促或缓慢地拍球。

② 逐渐加快拍球的速度，但要确保能够控制住球。

③ 拍球结束后能用手将球抱住然后停下来。

拍球

第一部分测试一下孩子拍球的动作是否正确。第二部分是教孩子拍球的正确方法，同时和孩子一起玩游戏。

课程目的

为孩子基本动作技能的学习，打造10~15分钟的体能游戏。

这些游戏可以帮助孩子发展拍球基本动作技能，有助于增强幼儿的肌肉力量，身体的协调性、灵活性和平衡能力，提高身体素质。同时让孩子跟着视频获得动作指导，体验运动的乐趣。

运动游戏

动作游戏三　00:31

21 踢球

动作技能介绍

踢球是在跑动中将地面上的物体向前踢出去的动作。

先测试一下踢球的动作是否正确。

动作测试要求

准备1个儿童足球或海绵球。

测试前不做剧烈活动，以便客观评价这一项技能的发展水平。

测试之前讲解动作技能，可以进行3次测试，在测试中不得指导或纠正动作。

动作测试评估

在测试中请观察是否有以下情况：

❶ 直直地伸出腿去踢球　　　　　　□

❷ 踢球时双脚同时碰球　　　　　　□

❸ 没按指定方向踢出　　　　　　　□

❹ 用脚趾踢球　　　　　　　　　　□

动作评估结果

结果	评价
3项以上	动作质量差
2项	一般
1项	良好
0项	高质量动作

基本动作技能学习

学习目的

踢球要求儿童在跑动中且单脚支撑的情况下将球向前踢出去，对平衡感和协调性是很好的锻炼。

踢球需要精准控制身体的姿势、重心和动作幅度，有助于提高身体的控制能力。

提示和准备

❶ 选择平坦、安全的场地，穿着合适的运动鞋和宽松舒适的衣服，锻炼前需充分热身。

❷ 家长及时指导正确的踢球姿势和助跑距离。

❸ 适当休息和补水，在轻松愉快的氛围中锻炼。

动作学习要领

准备动作

❶ 双脚分开与肩同宽或略宽，身体朝向
   球的方向，膝盖微微弯曲。

❷ 眼睛注视着球，同时留意周围的情况。

❸ 根据球的位置估计助跑的距离。

基本动作

❶ 直线助跑，速度适中，步伐节奏稳定。

❷ 最后一步通常较小，便于支撑脚准确站位。

❸ 支撑脚踏在球侧方10~15厘米处，脚尖
   指向出球方向，膝关节微屈。

❹ 踢球脚自然地跟随摆动，将力充分传递到
   球上，用脚背正面触球，把球踢出去。

动作要求

❶ 踢球后，腿、脚顺势向前上方摆动然后
   慢慢停下来，以保持身体平衡。

❷ 踢球过程中及结束后应始终注视着球的
   运动方向，以便做出下一步的判断。

踢球

第一部分测试一下孩子踢球的动作是否正确。第二部分是教孩子踢球的正确方法，同时和孩子一起玩游戏。

课程目的

为孩子基本动作技能的学习，打造10~15分钟的体能游戏。

这些游戏可以帮助孩子进行更多的户外运动，减少其对电子产品的依赖，也能有效地控制孩子的体重与健康。同时让孩子跟着视频获得动作指导，体验运动的乐趣。

22 接踢球

动作技能介绍

接踢球是指当足球从手中自由下落时，一条腿撑地，另一条腿从后向前摆动，用脚背接触足球的中下方，将其踢出去的动作。

动作测试要求

选择1个儿童足球或海绵球，在空旷的场地进行。

测试之前讲解动作技能，可以进行3次测试，在测试中不得指导或纠正动作。

动作测试评估

在测试中请观察是否有以下情况：

① 直直地伸出腿去踢 ☐

② 抛球的同时就去踢球 ☐

③ 接球时不会移动重心 ☐

④ 接球时身体很僵硬 ☐

动作评估结果

结果	评价
3项以上	动作质量差
2项	一般
1项	良好
0项	高质量动作

基本动作技能学习

学习目的

接踢球是基本动作技能中较难的动作之一，能够很好地锻炼孩子的反应速度和空间感知能力，提高他们的判断力和决策能力。

提示和准备

1. 锻炼前需充分热身，选择平坦、安全的场地，注意周围环境是否安全。

2. 家长及时指导正确的接踢球动作并多次反复练习。

3. 适当休息和补水，在轻松愉快的氛围中锻炼。

💬 动作学习要领

准备动作

① 双脚分开与肩同宽，双臂伸直，双手抱球。

② 眼睛注视着球。

基本动作

① 优势脚（拿筷子的手的同侧脚，）向后移动一小步，做好接球的准备。

② 身体自然前倾，降低重心准备接球。

③ 双手松开球，当球落至低于膝盖的位置时，摆动优势腿的小腿，用脚背去踢球。

动作要求

① 球是向前方呈抛物线被踢出去的。

② 踢到球后的腿、脚继续向前上方摆动，有助于控制球的方向并保持身体平衡。

接踢球

　　接踢球游戏可以增强孩子的身体素质，锻炼其足球技能，也是一种非常有趣的娱乐活动，可以让孩子在轻松愉快的氛围中享受运动的乐趣。

课程目的

　　为孩子基本动作技能的学习，打造10～15分钟的体能游戏。

　　这些游戏可以帮助孩子掌握比较难的动作技能，结合气球的变化，让孩子跟着视频获得动作指导，体验运动的乐趣。

运动游戏

动作游戏一　00:43

23
运球

📝 动作技能介绍

　　运球是一种在小步幅的跑动中，用脚控制足球，使其沿指定方向移动或停下来的动作。

📋 动作测试要求

　　准备1个儿童足球或海绵球，移动距离在5米以上。

　　测试之前讲解动作技能，可以进行3次测试，在测试中不得指导或纠正动作。

📖 动作测试评估

　　在测试中请观察是否有以下情况：

❶ 无法完成多次控制球的移动　　　　□

❷ 用脚轻轻地触碰球　　　　　　　　□

❸ 慢慢地跑或走动　　　　　　　　　□

❹ 无法用脚将球停下来　　　　　　　□

动作评估结果

结果	评价
3项以上	动作质量差
2项	一般
1项	良好
0项	高质量动作

基本动作技能学习

学习目的

运球可以提高眼和脚的协调配合能力，培养孩子对足球或其他球类运动的基本感知，提升操作技巧。

在运球过程中需要时刻关注移动的足球、场地环境和目标方向，这有助于提高孩子对空间和运动的感知能力。

踢球一般是多人体育运动，有助于培养孩子与他人相处、合作的能力。

提示和准备

① 锻炼前需充分热身，选择平坦、安全的场地。

② 家长及时指导正确的运球姿势。

③ 适当休息和补水，在轻松愉快的氛围中锻炼。

 **动作学习要领**

准备动作

❶ 双脚分开与肩同宽或略宽，身体朝向球的方向，膝盖微微弯曲。

❷ 眼睛注视着球，同时留意周围的情况。

基本动作

❶ 跑动时身体自然放松，上体稍向前倾，两臂屈肘自然摆动，步幅稍小。

❷ 一只脚踏在球的侧方，另一只脚脚背绷紧，脚尖指向地面，用脚背正面去推球的中后部。

❸ 控制球的速度和方向，向目标方向连续推进。

动作要求

❶ 根据情况适时调整速度和方向。

❷ 在运球过程中，要时刻抬头观察周围情况。

❸ 尽量增加触球次数，提高对球的控制能力。

运球

运球如同孩子连续踢地面的石头或空水瓶，是孩子非常喜欢的常用动作。有针对性的训练和趣味的游戏，可以增强孩子脚步的移动能力，提高运球技巧。

课程目的

为孩子基本动作技能的学习，打造10～15分钟的体能游戏。

这些游戏可以帮助幼儿发展运球、停球的技能，提升运动的速度和敏捷度，同时让孩子跟着视频获得动作指导，体验运动的乐趣。

运动游戏

动作游戏二　00:45

24 击打

动作技能介绍

　　击打是通过手或手持器械，对一个静止物或移动物施加外力的过程。

　　先测试一下击打的动作是否正确。

动作测试要求

　　准备2个泡沫棒，一些网球或玩具。

　　测试前不做剧烈活动，以便客观评价这一项技能的发展水平。

　　测试之前讲解动作技能，可以进行3次测试，在测试中不得指导或纠正动作。

动作测试评估

在测试中请观察是否有以下情况：

① 直着身体击打 ☐

② 击打时跪在地上 ☐

③ 不会伸展手臂与旋转身体 ☐

④ 左右摆臂 ☐

动作评估结果

结果	评价
3项以上	动作质量差
2项	一般
1项	良好
0项	高质量动作

基本动作技能学习

学习目的

击打锻炼可以促进幼儿手部肌肉的发展，为日后进行手部精细动作打下基础。

击打也可以刺激幼儿的触觉、听觉等，丰富他们的感官体验，促进感官系统的发展。

对击打目标的判断还有助于提升孩子对空间的认知和解决问题的能力。

提示和准备

❶ 锻炼前需充分热身，选择平坦、安全的场地，穿着合适的运动鞋和宽松舒适的衣服。

❷ 家长及时指导正确的击打姿势和节奏。

❸ 适当休息和补水，在轻松愉快的氛围中锻炼。

动作学习要领

准备动作

①双脚分开与肩同宽，保持身体的平衡和稳定。

②膝盖微微弯曲，重心均匀分布在双脚之间。

③双手自然下垂，两手各拿一根泡沫棒，眼睛看向地上的网球。

基本动作

①将手臂向上摆动，增加击打时的力量和速度。

②利用腰腹和手臂的力量，下蹲的同时迅速向下摆动双臂。

③用泡沫棒的中上部击打地面上的网球。

动作要求

①击打时要注意手臂与地面的角度。

②力量是从腰腹传递到手臂上的。

③小心物体的反弹，避免伤害自己或他人。

击打

击打游戏通过设定游戏任务，帮助孩子在热身后学习正确的击打动作，同时在不同步频的游戏中优化跑姿和慢跑技术，最后安排有针对性的放松与拉伸。

课程目的

为孩子基本动作技能的学习，打造10～15分钟的体能游戏。

这些游戏可以帮助孩子发展击打的基本动作技能，也可以作为幼儿情绪宣泄的一种方式，促进情绪的健康表达。孩子跟着视频获得动作指导，体验运动的乐趣。

运动游戏

动作游戏二　00:04